Christian Stephani

Der Einfluss des Internets auf Randsportarten

C000130999

Christian Stephani

Der Einfluss des Internets auf Randsportarten

GRIN Verlag

Bibliografische Information der Deutschen Nationalbibliothek: Die Deutsche Bibliothek verzeichnet diese Publikation in der Deutschen Nationalbibliografie; detaillierte bibliografische Daten sind im Internet über http://dnb.d-nb.de/ abrufbar.

1. Auflage 2010
Copyright © 2010 GRIN Verlag
http://www.grin.com/
Druck und Bindung: Books on Demand GmbH, Norderstedt Germany
ISBN 978-3-640-92108-9

Modul SA03 Sport und Medien

Der Einfluss des Internets auf Rand-sportarten

Von Christian Stephani

Fachbereich: Betriebs- und Sozialwirtschaft

Studiengang: Betriebswirtschaftslehre, Master of Arts

Abgabe: 25.07.2010

Inhaltsverzeichnis

Abbildungsverzeichnis

Abkürzungsverzeichnis

A.d.V.	Anmerkung des Verfassers
AGOF	Arbeitsgemeinschaft Online Forschung
ARD	Arbeitsgemeinschaft der öffentlich-rechtlichen Rundfunkanstalten der Bundesrepublik Deutschland
bspw.	beispielsweise
bzgl.	bezüglich
bzw.	beziehungsweise
ca.	circa
DEL	Deutsche Eishockey Liga
d.h.	das heißt
DTB	Deutscher Turnerbund
DTTL	Deutsche Tischtennis Liga
DVL	Deutsche Volleyball Liga
ebd.	ebenda
et al.	et alii (und andere)
etc.	et cetera (und so weiter)
f.	folgende
FC	Fußball Club
ff.	fortfolgende
ggf.	gegebenenfalls
GO	Gratifications Obtained
GS	Gratifications Sought
HBL	Handball Bundesliga
i.d.R.	in der Regel
IFA	International Fistball Association
IPL	Indian Premiere League
ITTF	International Table Tennis Federation
Mio.	Millionen
Mrd.	Milliarde
o.V.	ohne Verfasser
u.a.	unter anderem
USA	United States of America

Vgl.	vergleiche
WM	Weltmeisterschaft
z.B.	zum Beispiel
ZDF	Zweites Deutsches Fernsehen

1 Einleitung

Randsportarten führen einen harten Kampf um mediale Präsenz. Auch wenn es schwer fällt eine allgemeingültige Definition zu finden, zeichnen sich Randsportarten dadurch aus, dass sie nur am Rande von Massenmedien wahrgenommen werden, da sie ein geringes öffentliches Interesse erzielen. Zudem werden sie i.d.R. von vergleichsweise wenigen Menschen[1], die meistens einen Amateurstatus haben, ausgeübt. Berücksichtigt werden muss allerdings, dass die Zugehörigkeit zu den Randsportarten regional sehr verschieden ist. So zählt bspw. der Baseball in den USA zu den erfolgreichsten Sportarten, wo hingegen er in Deutschland klar zu den Randsportarten zu zählen ist. Ein Problem, das alle Randsportarten teilen, ist, dass die fehlende Darstellung in den Massenmedien die Akquisition von Sponsoren und die Anwerbung neuer Mitglieder erschwert. Daher stehen meist zu geringe finanzielle Mittel zur Verfügung, um die Sportart weiterzuentwickeln.[2]

Abhilfe für die Randsportarten könnte möglicherweise das Medium Internet liefern, da der Gebrauch dieses Mediums mehr und mehr zunimmt. Dieses Medium ist nicht mit den klassischen Medien zu vergleichen, da das Internet als hybrides Medium sowohl der Informationsabfrage, der Kommunikation, dem Abruf von Services, wie z.B. das Online-Banking oder Downloads, als auch als Unterhaltungsmedium dient, da sich auch Audio- oder Videodateien im Internet abrufen lassen.[3] Dadurch bietet das Internet deutlich vielseitigere Möglichkeiten als alle anderen Medien, weshalb sich auch der Sport diesem Medium bedient.

Diese Arbeit soll daher untersuchen, wie es zum einen zu dieser enormen Verbreitung des Internets kommt und ob es zum anderen für Randsportarten möglich ist, durch das Medium Internet ein wenig aus dem Schatten der großen Mediensportarten, wie Fußball, Formel 1 oder Boxen, hervorzutreten. Dafür wird im Rahmen dieser Arbeit zunächst auf eine Theorie zur Mediennutzung eingegangen, mit deren Hilfe die Verwendung des Internets möglicherweise erklärt werden kann, und im Anschluss die Möglichkeiten aufgezeigt, die sich dem Sport im Internet bieten. In der Folge wird darauf

---

[1] A.d.V: Allerdings können auch Sportarten mit hohen Mitgliedszahlen dazu zählen. Bspw. ist der deutsche Schützenverband mit fast 1,5 Mio. Mitgliedern der viertgrößte Sportverband in Deutschland. Ohne Zweifel zählt das Sportschießen dennoch zu den Randsportarten.
[2] Vgl. Wikipedia, 2010b.
[3] Vgl. Bonfadelli, 2004, S. 77-78; Grätz, 2001, S. 16.

aufbauend betrachtet, wie genau Randsportarten diese Möglichkeiten umsetzen. In Kapitel 4 folgen zum einen eine Bewertung der ausgewählten Theorie und zum anderen eine Bewertung der Chancen der Randsportarten im World Wide Web. Die Arbeit endet mit einem kurzen Fazit.

2 Sport und Medien

In diesem Kapitel wird zunächst das GS/GO-Modell als möglicher Erklärungsansatz für die weltweit hohe Verwendung des Internets vorgestellt und im Anschluss die Möglichkeiten aufgezeigt, welche sich dem Sport im Internet bieten.

2.1 Theorie zur Mediennutzung - Das GS/GO-Modell

Der Wirkungsansatz, der sich mit der Frage „Was machen die Medien mit den Menschen?", beschäftigt, war über viele Jahrzehnte der zentrale Untersuchungsgegenstand der Medienforschung. Bei diesem Ansatz verläuft die Medienkommunikation in einem einseitigen Prozess, bei welchem der Kommunikator versucht den Rezipienten nach seinen Vorstellungen zu beeinflussen.[4] Laut Schenk hat dieser Ansatz nicht nur eine lange Tradition, sondern gilt auch „als Motor der Kommunikationsforschung."[5]

Demgegenüber entstand bereits schon in den 40er Jahren mit dem Nutzen- und Belohnungsansatz ein komplett gegenläufiger Ansatz. Hier steht die Frage im Vordergrund: „Was machen die Menschen mit den Medien?".[6] Dabei geht dieser Ansatz von einem aktiven Publikum aus, das zielgerichtet und selektiv Massenmedien konsumiert und versucht über das Medium eine Bedürfnisbefriedigung (= Gratifikation) zu erzielen. Die Gratifikation ist somit das Motiv der Mediennutzung, weshalb nach diesem Ansatz der Rezipient sich seiner Bedürfnisse bewusst ist.[7]

Kritisiert an diesem Ansatz wurde dessen enge Ausrichtung an den individuellen Gratifikationen. Medien beziehen sich aber auf die Ziele des gesamten Systems, welche bei der Gratifikationsforschung weitestgehend ausgeklammert sind.[8] Zudem werden auch medienexterne Faktoren vernachlässigt, durch welche der Medienkonsum beeinflusst

---

[4] Vgl. Schenk, 2008, S. 651.
[5] Schenk, 2008, S. 761.
[6] Schenk, 2008, S. 681.
[7] Vgl. Schenk, 2008, S. 681 ff.
[8] Vgl. Schenk, 2008, S. 689.

werden kann, wie u.a. Moden, Interessen oder die Orientierung an anderen.[9] Auch wenn der Nutzen- und Belohnungsansatz als Gegenstück zum Wirkungsansatz verstanden werden kann, gab es in der Vergangenheit auch eine Reihe an Integrationsversuchen.[10] Das Modell, welches als Erklärungsansatz für die Nutzung des Mediums Internet herangezogen werden soll, ist das GS/GO-Modell von Palmgreen, dessen Ursprung der Nutzen- und Belohnungsansatz darstellt. Allerdings wird bei diesem Modell zwischen den gesuchten ("Gratifications Sought", GS) und den erhaltenen Gratifikationen ("Gratifications Obtained", GO) unterschieden. Der Ansatz den Palmgreen aus diesem Modell entwickelte ist der Erwartungs- und Bewertungsansatz. Demnach vergleicht der Rezipient laut diesem Ansatz seine gesuchte Gratifikation mit der erhaltenen Gratifikation, welche er durch die Mediennutzung erhalten hat, und daraus erfolgt eine Bewertung des Mediums, aus der sich die zukünftigen Erwartungen an das Medium ergeben. Dieser Ansatz ist in folgender Abbildung dargestellt:

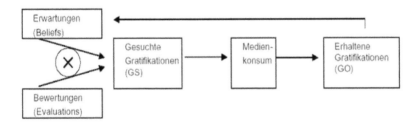

Abbildung 1: Der Erwartungs- und Bewertungsansatz[11]

Der Vorteil an diesem Modell ist, dass sich dadurch ein Vergleich von konkurrierenden Angeboten ermöglichen lässt. „Schließlich lässt sich durch die Gegenüberstellung von GS und GO prüfen, inwiefern die gegenwärtigen Angebote den Wünschen des Publikums entsprechen oder eventuell einer Umgestaltung bedürfen."[12] Inwiefern sich dieses Modell auf die voranschreitende Nutzung des Internets anwenden lässt, wird in Kapitel 4 thematisiert.

---

[9] Vgl. Rudolf, 2004, S. 28-29.
[10] Vgl. Schenk, 2008, S. 46.
[11] Vgl. Palmgreen/Rayburn, 1985, S. 62.
[12] Schenk, 2008, S. 691.

2.2 Möglichkeiten des Sports im Medium Internet

Wie bereits erwähnt, erfreut sich das Internet großer Beliebtheit. Laut der aktuellen On-
line-Studie von ARD und ZDF nutzen 67,1% der Deutschen über 14 Jahren das Internet.[13] Dabei können für die User nicht nur Informationsangebote interessant sein, sondern das Internet kann aufgrund seiner hybriden Struktur sehr vielseitig genutzt werden.

So zeichnet sich das Internet durch eine sehr hohe Interaktivität, welche zum einen zwischen Mensch-Medium und zum anderen zwischen Mensch-Mensch abläuft[14], sekun-
dengenaue Aktualität, endlose Speicherkapazität[15], Multimedialität[16] und Zugänglich-
keit[17] aus.[18] Speziell nach multimedialen Inhalten ist eine steigende Nachfrage festzu-
stellen: 51% der Internet-User nutzen gelegentlich Audiodateien, wie Internetradio, Au-
diopodcasts oder Musikdateien und sogar 62% der User rufen gelegentlich Videodatei-
en ab, wie Videoportale, zeitversetzte TV-Sendungen, Internet-Live-Streams oder Vi-
deopodcasts.[19]

Dementsprechend ist das Internet auch für den Sport ein interessantes Medium und wird
auf vielseitige Art und Weise genutzt. Auf die verschiedenen Angebote, welche der
Sport liefert, wird in den folgenden Unterkapiteln eingegangen.

2.2.1 Informations- und Kommunikationsangebote

Googelt man im Internet den Begriff „Sport", erhält man darauf ca. 704 Mio. Einträge.[20]
Diese Zahl verdeutlicht bereits, welch hohen Stellenwert der Sport im Internet ein-
nimmt. So findet man zu jeder organisierten Sportart sowie deren Verbände, Ligen und
Clubs eine eigene Internetpräsenz, auf der man sich mit den aktuellsten Informationen
versorgen kann. Zudem gibt es auch zahlreiche Sportportale, wie z.B. Sport1.de, welche
allgemein über den Sport informieren, wobei der Fokus auf den deutschsprachigen
Sportportalen i.d.R. aber auf dem Fußball liegt. Diese Informationsangebote im Bereich
Sport werden von immerhin 37 % der Internet-User genutzt.[21]

---

[13] Vgl. ARD/ZDF-Onlinestudie, 2009.
[14] A.d.V: Beispiele für die Mensch-Medium-Interaktivität sind u.a. Suchmaschinen, Meinungsumfragen
    oder Spiele und für die Mensch-Mensch-Interaktivität u.a. Email, Chats und Messenger.
[15] A.d.V: Sie ergibt sich daraus, dass das Internet grenzenlos Inhalte aufführen kann, da man im Vergleich
    zu andern Medien an keine Seitenzahlen, Sendezeiten oder Zeitumfänge gebunden ist.
[16] A.d.V: Das Internet erlaubt vielfältige mediale Kombinationsmöglichkeiten von Text, Bild, Grafik,
    Animation, Ton und Video, wodurch diese Kommunikationstechniken verschmelzen.
[17] A.d.V: Das Internet ist global verbreitet, wodurch das Medium von fast überall jederzeit abrufbar ist.
[18] Vgl. Rudolf, 2004, S. 19 ff.
[19] Vgl. ARD/ZDF-Onlinestudie, 2009.
[20] Vgl. www.google.de.
[21] Vgl. ARD/ZDF-Onlinestudie, 2009.

Dabei am professionellsten aufgestellt sind meist auch online die großen Mediensport-arten wie der Fußball, was bspw. an der Homepage des FC Bayern München zu erken-nen ist:

Abbildung 2: Homepages des FC Bayern München[22]

Neben dem Informations- gehört auch das Kommunikationsangebot zum Standardreper-toire einer jeden Sportseite. So können sich die Fans untereinander oder mit dem Club über Foren, Gästebücher, Email, etc. austauschen. Dass die eigene Homepage ein nicht zu verachtendes Medium ist, lässt sich ebenfalls am Beispiel Bayern München darstel-len. So ist die Website des Vereins mit 84,5 Mio. Page Impressions[23] im April 2010 nach eigenen Angaben derzeitiger weltweiter Marktführer unter den Fußballclubwebsi-tes.[24] Dadurch bietet sich den großen Sportarten mit entsprechenden Page Impressions durch Websites eine weitere Plattform, die man für Werbung bzw. Sponsoring vergeben kann. Dies trägt sicherlich dazu bei, dass der Sport auch in Zeiten der Wirtschaftskrise nach wie vor ein sehr beliebtes Kommunikationsmittel für Unternehmen darstellt.[25]

2.2.2 Unterhaltungsangebote

Auch Unterhaltungsangebote, welche für eine Interaktivität der User sorgen, sind auf den Sportwebsites meist sehr häufig vertreten. Dies liegt daran, dass Interaktionsmög-

---

[22] Vgl. www.fcbayern.de.
[23] A.d.V: Darunter versteht man den Abruf einer kompletten Seite mit allen eingebundenen Elementen innerhalb einer Website (Vgl. Wikipedia, 2010a).
[24] Vgl. FC Bayern, 2010.
[25] Vgl. Grätz, 2001, S. 25 ff.

lichkeiten für User in Sportumfeldern besonders interessant sind: Zu nennen sind vor allem Managerspiele, wie das Kicker-Managerspiel, welches in der Saison 09/10 eine Teilnehmerzahl von 616.000 Usern erreichte[26], aber auch Tippspiele, Votings und Gewinnspiele, welche auf jeder guten Sportwebsite zu finden sind. Die Vorteile, die diese Angebote bieten, liegen in einer Erhöhung der Page Impressions sowie der Verweildauer auf der Website. Zudem erhält man über diese Tools genaue Informationen über das Nutzungsverhalten der Webseitenbesucher und erhält zum Teil auch Personendaten der User, wodurch sich die erreichte Zielgruppe sehr genau bestimmen lässt.[27] So hat bspw. die Website von Kicker 1,83 Mio. Unique User[28]/ Monat, welche zu 79,8% aus Männern und zu 20,2% aus Frauen bestehen, zu 70,3% zwischen 20-49 Jahre alt sind und zu 39,2% ein Haushaltsnettoeinkommen von über 3000€ haben.[29] Aufgrund dieser genauen Zielgruppenbestimmung können Unterhaltungsangebote auch für weniger besuchte Sportwebsites sehr interessant sein, da sich mit Hilfe dieser Informationen leichter Sponsoren bzw. Werbepartner finden lassen.

2.2.3 E-Commerce-Angebote

Das Thema E-Commerce ist mit der voranschreitenden Erfahrung der Internet-User immer bedeutender geworden. Denn mit 97,7% haben fast alle Internet-User im Jahr 2009 online nach Produkten recherchiert und 87,1% letztendlich auch online Produkte gekauft.[30] Auch im Sport spielt E-Commerce ein wichtige Rolle: 35,9% der Internet-User informierten sich 2009 online über Sportprodukte[31] und 15,5% erwarben diese über das Internet.[32] Dementsprechend bietet jeder professionelle Club einen eigenen Online-Shop an, auf dem Merchandising-Artikel sowie Tickets zu erwerben sind.

---

[26] Vgl. van der Holifeld, 2010.
[27] Vgl. Grätz, 2001, S. 69.
[28] A.d.V: Unique User/ Visit ist eine Messgröße, die angibt, wie viele Nutzer ein Webangebot in einem bestimmten Zeitraum hatte. Mehrere Seitenaufrufe von einem User in kurzer Zeit werden daher nur als ein Unique User/ Visit gezählt. (Vgl. AGOF, 2010b).
[29] Vgl. Interactive Media, 2010, S. 2.
[30] Vgl. AGOF, 2010a.
[31] A.d.V.: Tickets für Sportveranstaltungen sind hier nicht inbegriffen
[32] Vgl. AGOF, 2010c, S. 29 u. 32

Abbildung 3: Online-Shop von Alba Berlin[33]

So bietet sich durch das Internet auch für kleinere Sportarten bzw. Vereine die Möglichkeit regionale Grenzen zu überschreiten und Produkte und Tickets weltweit anbieten
zu können.

2.2.4 WEB-TV-Angebote

Wie bereits erwähnt, rufen 62% der Internet-User zumindest gelegentlich Videodateien
online ab. Dadurch ist in den letzten Jahren das Thema Web-TV auch für den Sport
immer relevanter geworden. So bieten viele Sportarten, Clubs oder Sportportale Repor-
tagen, Interviews, Zusammenfassungen oder gar Live-Streams im Bewegtbild-Format
ergänzend oder sogar alternativ zur TV-Präsenz an. Hier beispielhaft zu nennen sind die
Seiten von golfdigital.tv oder tennislive.tv, auf denen man sich gebührenfrei Lives-
Streams von Begegnungen, Vorberichte oder sonstige Videos online ansehen kann.[34]
Zudem bieten die meisten Sportportale, wie z.b. kicker.tv, aktuelle Sport-News gebührenfrei im Bewegtbild-Format an.[35] Daneben existieren aber auch zahlreiche Sportsei-
ten, welche durch ein Online-Pay-TV-Angebot versuchen weitere Einnahmen zu erzielen. Dazu zählen u.a. fcb.tv, die Live-Spiele des FC Bayern München gegen eine Gebühr anbieten, die Internetpräsenz des Pay-TV-Senders Sky, der u.a. Spiele der DEL in
seinem Online-Pay-TV-Angebot führt, oder die Internetpräsenz des Sportkanals Sport1,
der u.a. Spiele der HBL größtenteils gegen eine Gebühr online anbietet.[36] Allerdings
wird die Möglichkeit weitere Einnahmen über Online-Pay-TV zu erzielen durch Seiten

---

[33] Vgl. www.albaberlin.de//shop/.
[34] Vgl. www.golfdigtal.tv bzw. www.tennislive.tv.
[35] Vgl. www.kicker.tv.
[36] Vgl. www.fcb.tv; www.sky.de; tv.sport1.de.

wie live-sport.org erschwert, da diese Seiten Live-Streams von zahlreichen nationalen sowie internationalen Sportveranstaltungen kostenlos zur Verfügung stellen, wodurch zum Teil die Gebühren der Pay-TV-Sender umgangen werden können.[37] Dennoch kann das Internet möglicherweise dazu beitragen, eine zu geringe TV-Präsenz ein wenig auszugleichen, was in der Folge aber noch weiter thematisiert werden soll.

3 Der Randsport im World Wide Web

In diesem Kapitel wird zunächst allgemein dargestellt und erläutert wie die Randsportarten im Internet aufgestellt sind und im Anschluss daran welche Web-TV-Angebote im Randsport existieren und welches Potential in ihnen steckt.

3.1 Status Quo

Da jede Person bzw. Institution, sofern die technischen Voraussetzungen vorliegen, Informationen im Internet abrufen als auch bereitstellen kann, findet sich dementsprechend auch von jeder organisierten Randsportart eine eigene Internetpräsenz. Dadurch erhalten Randsportarten die Möglichkeit aktuelle und jederzeit abrufbare Informationen über ihren Sport weltweit zur Verfügung zu stellen. Dies ist sowohl für Personen, die an der Sportart interessiert sind, als auch für die Sportart selbst ein gewaltiger Fortschritt, da eine solche Informationsmöglichkeit für Randsportarten über die restlichen Medien nicht besteht. Demzufolge kann das Internet durchaus eine Hilfe darstellen, den Bekanntheitsgrad einer Randsportart zu erhöhen und möglicherweise mehr Leute an den Sport heranzuführen. Als Beispiel soll die Sportart Faustball[38], welche zweifelsfrei als Randsportart zu bezeichnen ist, dienen:

Auf der Internetpräsenz der International Fistball Association (IFA) findet sich im Gästebuch ein Eintrag einer Person aus Indien von Januar 2010. In diesem bittet die Person darum, nachdem sie über das Internet auf Faustball aufmerksam wurde, einen indischen Faustballverband gründen zu dürfen.[39] Da der indische Verband bereits heute besteht, hat das Medium Internet in diesem Fall dazu beigetragen, dass die Sportart Faustball auch in Indien in einem organsierten Rahmen zu betreiben ist.

---

[37] Vgl. www.live-sport.org
[38] A.d.V: Faustball ist ein Rückschlagspiel, bei dem 2 Mannschaften mit fünf Spielern versuchen den Ball nur mit Einsatz der Arme über eine Schnur in das gegnerische Feld zu spielen, so dass er für die gegnerische Mannschaft nicht zu erreichen ist
[39] Vgl. www.ifa-fistball.com/de/menu_2/gaestebuch

Auch wenn die Informationsmöglichkeit über das Medium Internet sehr positiv für Randsportarten zu bewerten ist, lässt sich allerdings feststellen, dass sehr viele Randsportartinternetpräsenzen sehr unprofessionell aufgestellt sind. Dies äußert sich z.B. in einem schlechten Design bzw. einem schlechten Seitenaufbau der Homepages. Vor allem wird die Vielseitigkeit des Internets i.d.R. von den Randsportartseiten nicht ausgenutzt. Dies zeigt sich daran, dass auf den Webseiten der Randsportarten oftmals kein eigenes Unterhaltungs- oder Web-TV-Angebot besteht, sondern diese sich rein auf ein Informations- bzw. Kommunikationsangebot beschränken. Zudem ist die Zahl an Sponsoring- oder Werbeflächen meist stark begrenzt bzw. nicht existent. Da viele der Randsportartseiten also eher unattraktiv sind, dürfte auch die Zahl der Page Impressions bzw. Visits eher gering ausfallen.

Sowohl als Positiv- als auch als Negativ-Beispiel kann die Internetpräsenz der Randsportart Ringtennis[40], die eine der Sportarten des DTB darstellt, herangezogen werden. Eher negativ ist die offizielle Homepage des deutschen Ringtennis zu bewerten, da diese als reine Informations- und Kommunikationsplattform dient und ein wenig ansprechendes Design verwendet. Zusätzliche Angebote sucht man hier vergebens, weshalb sich auch die Besucherzahlen der Homepage in Grenzen halten dürften. Da hierüber leider keine Angaben gemacht werden, kann als Indiz nur das Gästebuch der Seite dienen: Der letzte Eintrag datiert vom 07.10.2009. Zudem ist der Link zum Forum der Homepage nicht mehr verfügbar, weshalb die Interaktionsmöglichkeiten wohl vollkommen zum Erliegen gekommen sind und somit die Seite wenig anbietet, was die Internet-User auf der Seite halten würde. Dementsprechend finden sich auch keine Sponsoren oder sonstige Werbepartner auf der Seite.[41]

---

[40] A.d.V: Ringtennis ist ein Rückschlagspiel, bei dem es darum geht, einen Gummiring so über ein Netz auf das gegnerische Feld zu werfen, dass der Gegner nicht in der Lage ist den Ring aufzufangen.
[41] Vgl. www.ringtennis.de (Stand: 25.07.2010)

Abbildung 4: Homepage des deutschen Ringtennis[42]

Ein anderes Bild gibt allerdings die offizielle Homepage der Ringtennis-WM ab, für die ein Link auf der Ringtennis-Homepage existiert.[43]

Neben dem Informations- und Kommunikationsangebot sind dort ebenfalls Unterhaltungsangebote wie Votings, Bildergalerien und Ringtennis-Videos zu finden. Zudem lassen sich Ringtennis-WM-Werbeartikel in Form von Kappen, Aufklebern oder Münzen online erwerben. Da auch das Design der Homepage optisch und strukturell gut aufgebaut ist, erzeugt diese Seite einen deutlich professionelleren Eindruck. Des Weiteren ist es den Organisatoren der WM, die in diesem Jahr in Koblenz stattfindet, gelungen, Sponsoren für die Ringtennis-WM zu gewinnen, welche auch auf der Homepage präsentiert werden, wie folgende Abbildung zeigt:[44]

[42] Vgl. ebd.
[43] Siehe Abbildung 4
[44] Vgl. www.ringtennis-wm.de

Abbildung 5: Sponsorenseite der Ringtennis-WM-Homepage[45]

Dieser professionelle Internetauftritt wirkt sich positiv auf die Besucherzahlen aus: Bereits am 15. April 2010 konnte der 10.000 Visit des Jahres verzeichnet werden. Bis zum 25. Juli wuchs diese Zahl sogar auf über 25.500 Visits an, wovon knapp 16.300 Unique Visits darstellten. Da nur ca. 2700 Deutsche diese Sportart aktiv betreiben, ist dies sicherlich als beachtlich anzusehen.[46]

Im folgenden Unterkapitel soll daher noch ausführlicher betrachtet werden, welche Rolle das Web-TV im Randsport einnimmt.

3.2 Randsport und Web-TV

Wie die Ausführungen in Kapitel 3.1 zeigen, stellen Web-TV-Angebote von Randsportartseiten eher die Ausnahme dar. So handelt es sich bei der großen Mehrheit der Sport-Web-TV-Angebote um Bewegtbilder von Mediensportarten. Für diese stellen Web-TV-Angebote i.d.R. nur eine Ergänzung zur TV-Präsenz dar, wie in Kapitel 2.2.4 bereits erwähnt. Die Relevanz des Web-TVs nimmt allerdings für die kleineren Mediensportarten - wie bspw. Tennis, Tischtennis oder Golf - zu, da diese oftmals nur über seltene, kurze oder schlechte TV-Sendezeiten verfügen. So haben diese Sportarten die Möglichkeit über ihre bereits genannten Onlineplattformen Videostreams von ihren nicht im TV gezeigten Turnieren zu zeigen. Beispielhaft sei hier auf den Tischtennis verwiesen, der, obwohl ab und an auf Sport 1 oder den Nachrichten von ARD, ZDF, RTL, etc. von ihm

---

[45] Vgl. ebd.
[46] Vgl. o.V, 2010b.

berichtet wird, ein eigenes Web-TV-Programm aufgebaut hat. So bieten die DTTL sowie die ITTF Spiele der Bundesliga bzw. der internationalen Wettbewerbe zum Teil live
im Internet an.[47]

Aber auch von Sportarten, welche kaum oder nur zu Großereignissen im TV zu sehen
sind und daher im weiteren Sinne Randsportarten darstellen, lassen sich Beispiele im
Internet finden, die das Medium Internet als Alternative zur TV-Präsenz nutzen.

An erster Stelle ist hier der Volleyball zu nennen. Auf der Homepage der DVL wird
unter dem Menüpunkt TV-Übertragungen zum einen auf den Pay-TV-Sender Sportdigi-
tal verwiesen, welcher auf seiner Onlineplattform sportdigital.tv auch Spiele der DVL
gegen Bezahlung zeigt, zum anderen auf den Web-TV-Sender spobox.tv.[48] Spobox.tv
ist eine kostenlose Sport-Web-TV-Homepage, welche sich auf kleinere Sportarten fo-
kussiert und auch Live-Streams anbietet. Diese zeigte u.a. 60 Spiele der 1. Volleyballbundesliga der Männer und Frauen der Saison 09/10 in voller Länge und kostenlos.
Verantwortlich dafür ist die Gesellschaft für Internetportale, welche bereits mit der
Plattform tennislive.tv Erfahrungen mit Live-Übertragungen sammeln konnte. Der Ge-
schäftsführer bewertete das Engagement im Volleyball folgendermaßen: „Die DVL hat
sich für ein Zukunftsmodell entschieden. Das ist eine große Chance für uns, aber auch
für die Sportart Volleyball, alte und neue Fans zu begeistern."[49] Das Modell verlief
recht erfolgreich: Im Schnitt verfolgten 32.000 Zuschauer die Livebegegnungen auf
spobox.tv, wobei das Pokalfinale sogar von 90.000 aufgerufen wurde.[50] Da zudem auch
in den dritten Fernsehkanälen ausgewählte Begegnungen im TV nachverwertet werden,
sieht sich der DLV „medial so gut aufgestellt wie nie zuvor".[51] Unterstrichen wird diese
Aussage dadurch, dass spobox.tv im Sommer 2010 live und exklusiv von der Beachvol-
leyball World Tour berichten wird und die Web-TV-Homepage laola1.tv die Volleyball
Champions League sowie die European League mit in ihrem Programm hat.[52]

Zudem erhält man durch das Internet Zugang zu Bewegtbildern von Sportarten, welche
hierzulande als Randsportart gelten, in anderen Ländern allerdings absolute Mediensportarten darstellen, wie z.B. American Football, Baseball oder Rugby. Diese ausländischen Mediensportarten bieten - genau wie die deutschen - professionelle Internetprä-

---

[47] Vgl. www.dttl.tv; www.ittf.com/itTV/.
[48] Vgl. www.volleyball-bundesliga.de.
[49] Pokorny, 2009.
[50] Vgl. spobox.tv.
[51] Pokorny, 2009.
[52] Vgl. www.spobox.tv; www.laola1.tv.

senzen an. So lassen sich bspw. auf der Seite der MLB, der amerikanischen Baseballli-
ga, zahlreiche Videos sowie ein Live-Web-TV-Angebot finden, welches gegen Bezahlung nutzbar ist.[53] Des Weiteren lassen sich auf laola1.tv Spiele der spanischen Fußball-
liga live und kostenlos ansehen, was vorher höchstens über Pay-TV möglich war. Dadurch erhalten Fans durch das Internet Zugang zu ausländischen Sportarten und Ligen,
welchen das Fernsehen in dieser Form nicht bietet.

Aber auch den kleinsten Randsportarten, die auf ihrer Homepage kein eigenes Web-TV-
Angebot haben, bietet sich mit dem Videoportal YouTube eine Plattform selbstgedrehte
Videos ihrer Sportart zu präsentieren. Nach eigenen Angaben erzielt YouTube 1 Mrd.
Videoabrufe pro Tag[54], weshalb sich Randsportarten dort einem Publikum präsentieren
können, welches sie auf ihrer Homepage nicht erreichen würden. So ist es über YouTube durchaus möglich, dass tausende User zufällig auf ein Video der Randsportart stoßen
und so die Bekanntheit der Sportart vorangetrieben werden kann. Als Beispiel kann
erneut auf die in Kapitel 3.1 bereits erwähnten Sportarten Ringtennis und Faustball
verwiesen werden. So bestehen derzeit 16 Videos auf YouTube, welche sich mit dem
Ringtennis beschäftigen und kumuliert ca. 11.000 Abrufe erzielt haben. Verglichen mit
dem Faustball hat das Ringtennis allerdings noch Entwicklungsbedarf, da sich zum
Faustball sogar ca. 200 Videos finden lassen mit ca. 1,2 Mio. Aufrufen.[55] Dies dürfte in
erster Linier daran liegen, dass Faustball auch in den USA gespielt wird, weshalb diese
Sportart von deutlich mehr Sportlern aktiv betrieben wird als Ringtennis. Ganz aktuell
zeigt sich allerdings, dass die Verantwortlichen im Ringtennis weitere Maßnahmen auf
YouTube ergriffen haben, um dies in Zukunft möglicherweise zu ändern: So wurde
rechtzeitig zur Ringtennis-WM in Koblenz ein Ringtennis-WM-Channel eröffnet, auf
dem Spielszenen, Interviews, etc. der WM zu sehen sein werden.[56] Wie erfolgreich dies
sein wird, bleibt abzuwarten. Jedenfalls kann speziell für den Faustball unterstellt werden, dass diese hohe Zahl an Videoaufrufen allein über die offiziellen Faustballhome-
pages nicht erzielt worden wäre.

Dementsprechend kann YouTube möglicherweise auch dazu beitragen, Trendsportarten
entstehen zu lassen. So finden sich auf YouTube bspw. auch Videos von einer neuen
Sportart namens Crossboccia. Ein Wuppertaler Student erfand diese Sportart im Sommer 2009 und verbreitete diese über YouTube. Dieses Spiel stieß auf so großes Interes-

---

[53] Vgl. www.mlb.com.
[54] Vgl. Hurley, 2009.
[55] Vgl. www.youtube.de.
[56] Vgl. o.V, 2010a; www.youtube.com/user/RingtennisWM.

se, dass es der Student mit seiner Sportart in einen TV-Bericht von RTL West schaffte, der ebenfalls auf YouTube zu finden ist.[57] Letztendlich gelang es ihm diese Idee zu vermarkten, indem er die für das Spiel nötigen Bälle über den eigenen sowie über externe Online-Shops, wie bspw. Amazon, vertreibt.[58] Eine Entwicklung an der YouTube sicherlich nicht ganz unschuldig ist.

Außerdem sei bzgl. YouTube erwähnt, dass es sich seit März 2010 auch als Sportkanal präsentiert. YouTube sicherte sich nämlich die Online-Rechte an der Cricket Indian Premiere League (IPL) und übertrug alle 60 Spiele live und dies, mit Ausnahme der USA, weltweit, wodurch nun eine weitere Sportart, die hier als Randsportart gilt, auch in Deutschland zugänglich ist. Dieses Engagement war für YouTube ein voller Erfolg: Statt der erwarteten 10 Mio. Aufrufe, erzielte der eigens eingerichtete IPL-Channel 50 Mio. Aufrufe und das allein während der 6-wöchigen Saison. Möglicherweise stellt dies daher nur den Beginn des Sport-Engagements von YouTube dar.[59]

4 Bewertung

In diesem Kapitel soll zunächst bewertet werden, ob das GS/GO-Modells als Erklärungsansatz für die Internetnutzung geeignet ist, und im Anschluss, ob das Internet für Randsportarten tatsächlich eine Chance bietet, die fehlende Präsenz in den Medien auszugleichen.

4.1 Der Erwartungs- und Bewertungsansatz als Erklärungsansatz

Wie die Ausführungen in den vorangehenden Kapiteln zeigen, bieten sich über das Internet durchaus Möglichkeiten, Informationen über Randsportarten zu gewinnen. Doch kann das GS/GO-Modell und der daraus abgeleitete Erwartungs- und Bewertungsansatz erklären, warum der Rezipient Informationen über eine Randsportart über das Medium Internet abruft? Laut Meinung des Autors dieser Arbeit sprechen einige Punkte dafür:

Dafür spricht vor allem, dass man ein klares Motiv benötigt, Informationen über eine Randsportart zu erhalten, da eine gezielte Suche erforderlich ist. Um diese gesuchte Gratifikation zu erreichen, wird das Internet sicherlich den ersten Anlaufpunkt darstel-

---

[57] Vgl. www.youtube.com/watch?v=NxoEHdxEZjM.
[58] Vgl. www.crossboccia.com/CB-Set_1.html; www.amazon.de/Erhard-Sport-Chilled-Purple-versch-Designs/dp/B0030YIABE.
[59] Vgl. Peer/Merx, 2010, S. 60.

len, da sich, wie bereits ausführlich erwähnt, nur über das Medium Internet jederzeit Informationen über Randsportarten finden lassen werden. Daher werden gesuchte und erreichte Gratifikation über das Medium Internet die größte Übereinstimmung finden, wodurch maßgeblich auch die zukünftige Medienwahl beeinflusst wird. Deshalb ist das Internet für viele User als Informationsmedium heute auch unverzichtbar, wie zahlreiche Studien belegen.[60]

Gegen dieses Modell als Erklärungsansatz für die Internetnutzung spricht allerdings, dass diese Theorie vor der Zeit des Internets entwickelt wurde und sie sich daher in erster Linie auf TV, Hörfunk und Printmedien bezieht. Die Verwendung des Mediums Internet hängt im Gegensatz zu den anderen Medien auch von den technischen Voraussetzungen sowie dem persönlichen Know-how ab.[61] Daher sollte der Erwartungs- und Bewertungsansatz, um ihn auch auf das Internet anwenden zu können, um diese beiden Punkte ergänzt werden.

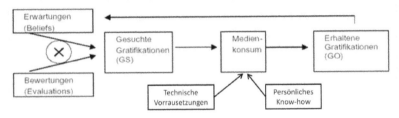

Abbildung 6: Erweiterter Erwartungs- und Bewertungsansatz[62]

Aber auch dieser erweiterte Ansatz kann die Verwendung des Mediums Internet nicht uneingeschränkt erklären, da, laut Meinung des Autors, beim Surfen im Internet dem User nicht immer ein Motiv unterstellt werden kann. Speziell beim Surfen auf YouTube stößt man auch zufällig auf Videos, welche man im Vorhinein nicht gezielt gesucht hat. Danach wäre die Medienverwendung nicht immer mit einer gesuchten Gratifikation verbunden, was dieser Theorie entgegen spricht. Zudem wird der Informationsaufruf im Internet von der Kommunikation der User untereinander beeinflusst, da sie sich oftmals Hinweise auf bestimmte Inhalte im Internet liefern. Der letztgenannte Fall lässt sich allerdings wieder auf den gewählten Ansatz anwenden, da es sich um ein kurzfristig entstandenes bewusstes Bedürfnis handelt, diese Information abzurufen.

---

[60] Vgl. Schmidt, 2008.
[61] Vgl. Bonfadelli, 2004, S. 258 ff.
[62] Modifiziert nach Palmgreen/Rayburn, 1985, S. 62.

16

Abschließend lässt sich feststellen, dass der Erwartungs- und Bewertungsansatz als durchaus geeignet angesehen werden kann, die Verwendung des Mediums Internet zu erklären. Dies gilt insbesondere für die Informationssuche nach Randsportarten. Deren Chancen, welche durch das Internet entstehen, werden in der Folge dargestellt.

4.2 Chancen der Randsportarten durch das Internet

Wie in dieser Hausarbeit dargestellt, sind Internetseiten von Randsportarten durchaus vorhanden. Die Frage ist nur, ob diese auch abgerufen werden und ein positiver Effekt durch die Internetpräsenz für die Randsportart entsteht. Das bloße Anbieten von Informationen ist dafür sicherlich nicht ausreichend, da so nur die ohnehin Interessierten erreicht werden. Dementsprechend kann sicherlich unterstellt werden, dass i.d.R. eine aktive Suche und somit letztendlich ein bewusstes Bedürfnis von Nöten ist, um auf die Informationen einer Randsportart zu stoßen. Die Aufgabe, vor der die Randsportarten im Internet stehen, ist es, dass User auch zufällig auf die Randsportart stoßen, damit die Sportart in der Welt des World Wide Web nicht völlig untergeht. Dafür ist es erforderlich, dass zum einen die eigene Homepage möglichst professionell aufgestellt ist und zum anderen hochbesuchte Internetseiten wie YouTube genutzt werden, um die eigene Sportart anzuwerben. Speziell die Chancen, die ein Videoportal wie YouTube bietet, sollten nicht unterschätzt werden, da Videoangebote bei den Usern, wie u.a. die ARD/ZDF-Onlinestudie zeigt, immer beliebter werden.[63] So kann, laut Meinung des Autors dieser Arbeit, ein gutes Videoangebot auf Portalen wie YouTube sowie eine professionelle eigene Internetpräsenz durchaus dazu beitragen, den Bekanntheitsgrad und letztendlich die Zahl der aktiven Sportler einer Randsportart zu erhöhen. Ähnlich sehen es auch die Verantwortlichen der Ringtennis-WM, da sie sich genau dies von dem WM-Channel auf YouTube erhoffen.

Des Weiteren können Randsportarten mit guter Internetpräsenz, die gewisse Besucherzahlen nachweisen können, möglicherweise leichter Sponsoren finden, was Randsportarten i.d.R. eher schwer fällt. So lassen sich unter Umständen Sponsoringeinnahmen erzielen, die die Randsportart ohne das Internet nicht erhalten hätte, da sie über dieses Medium sehr leicht das Interesse an der Sportart über die Zahl der Seitenaufrufe messen und auch darstellen kann.

---

[63] Vgl. ARD/ZDF-Onlinestudie, 2009.

17

Da die Bedeutung von Web-TV in den nächsten Jahren wohl weiter zunehmen wird, profitieren davon Sportarten wie Tischtennis oder Volleyball, die in der Lage sind professionelle Web-TV-Übertragungen zu produzieren bzw. produzieren zu lassen. So sind die Zuschauerzahlen der Web-TV-Übertragungen der Volleyballbundesliga als durchaus beachtlich einzuschätzen. Marketingverantwortlicher des spobox.tv, Peter Henke, behauptet gar, die Zahlen aus dem Pokalfinale und den Playoffs befänden sich in „Regionen des klassischen TV".[64] Daher bewerten u.a. die Verantwortlichen des DLV das Angebot auf spobox.tv auch so positiv, wie in Kapitel 3.2 bereits dargestellt.

Die steigende Bedeutung von WEB-TV könnte zudem in Zukunft dazu führen, dass der Begriff Randsportart weiter verwässert: Wie bereits erwähnt, schafft das Internet Zugang zu Sportarten, welche bisher für die jeweilige Nation keine Rolle gespielt haben. So zeigt das Beispiel der indischen Cricketliga, IPL, deren Saisonspiele auf YouTube über 50 Mio. Videoaufrufe erzielten, dass auch über die Landesgrenzen hinaus großes Interesse an der IPL besteht. Spiegelonline bezeichnet das Engagement von YouTube gar als „Meilenstein im Medienwandel, in dessen Verlauf Onlinemedien die etablierten Altmedien Stück für Stück ersetzen."[65] So könnte den etablierten Mediensportarten, sollte die Nutzung von Web-TV-Angeboten tatsächlich zunehmen, durchaus neue Konkurrenz bevorstehen. Dies ist natürlich rein spekulativ und bleibt abzuwarten.

Dem entgegen spricht, dass natürlich auch im World Wide Web die großen Mediensportarten weit verbreitet und großem Interesse ausgesetzt sind. Dementsprechend stammt der Web-TV-Zuschauerrekord aus dem deutschsprachigen Raum vom Fußball, allerdings von der spanischen Primera Division: 2,2 Mio. Videoaufrufe erzielte die Begegnung Real Madrid gegen den FC Barcelona über das deutsch-österreichische Sport-Web-TV-Portal laola1.tv innerhalb der 90 Spielminuten am 10.04.2010.[66] Dies verdeutlicht, dass es den kleineren Sportarten sicherlich auch nicht über das Medium Internet gelingen wird, den Fußball als beliebteste deutsche Sportart abzulösen, zumal Spiele der deutschen Fußballbundesliga sicherlich noch höhere Web-TV-Quoten erzielen könnten als ausländische Fußballspiele. Die Internetrechte an der Bundesliga hält allerdings die Telekom, welche die Bundesligaspiele als „Liga total"-Paket mit in ihr Online-Entertain-Pay-TV-Programm integriert hat. Auch wenn die Telekom für dieses Paket

---

[64] Spobox.tv, 2010.
[65] Patalong, 2010, S.1.
[66] Vgl. laola1, 2010.

wohl 800.000 zahlende Kunden vorzuweisen hat[67], liegt der Verdacht nahe, dass sich Pay-TV auch Online nicht durchsetzen wird. Dafür bieten sich dem erfahrenen Internetuser über ausländische Sportstreams zu viele kostenlose Möglichkeiten die Bundesliga anzusehen.

Dies verdeutlicht zusammenfassend auch nochmals den großen Vorteil des Internets für Randsportarten: Das Internet ist in seinen Informationsangeboten unbegrenzt und an keine Sendezeiten gebunden, weshalb allen Sportarten eine Plattform geboten wird. Somit liegt es einzig und allein an den Randsportarten selbst, inwiefern es ihnen gelingt eine gesuchte Gratifikation für die Sportart bei den Internetusern hervorzurufen und letztendlich dafür zu sorgen, dass die User diese Gratifikation auch erreichen.

5 Fazit

Sport und das Medium Internet. Wie diese Arbeit zeigt, gehören die beiden Themen sicherlich zusammen. Jede noch so kleine Sportart hat den Weg ins Internet gefunden und versucht so auf sich aufmerksam zu machen. Ob den Randsportarten durch das Internet ein positiver Effekt entsteht, der sich u.a. in einem höheren Bekanntheitsgrad und letztendlich steigenden Mitgliedszahlen äußern würde, ist abschließend nicht eindeutig zu beantworten. Allerdings bietet sich den an der Sportart Interessierten eine vorher nicht vorhandene Informationsmöglichkeit, da sie über das Medium Internet jederzeit Informationen abrufen und auch bereitstellen können. Daher lässt sich auf Randsportinteressierte auch ideal der vorgestellte Erwartungs- und Bewertungsansatz anwenden und somit die Nutzung des Mediums Internet erklären. Bei der allgemeinen Internetnutzung kann den Usern aber sicherlich nicht ausschließlich ein bewusstes Motiv bei der Internetverwendung unterstellt werden, weshalb dieser Ansatz hier an seine Grenzen stößt. Gerade das motivlose Surfen im Internet könnte für die Randsportarten eine große Chance darstellen. So sollten sich, laut Meinung des Autors dieser Arbeit, Randsportarten vor allem auf den großen Video-Plattformen wie YouTube präsentieren und versuchen mit innovativen Videobeiträgen auf sich aufmerksam zu machen. Gelingt dies, könnte sich durch die vielfache Kommunikation der User untereinander das Videoangebot und die Randsportart schnell herumsprechen und somit deren Bekanntheitsgrad steigern. Auch wenn man sicherlich nicht aus dem Schatten der Mediensportarten her-

---

[67] Vgl. Patalong, 2010, S. 1.

vortreten kann, stellt das Medium Internet dennoch eine enorme Verbesserung für Randsportarten dar, da über dieses Medium eine ständige Präsenz erreicht werden kann.

Daher gilt abschließend den Sportarten wie Ringtennis, die versuchen die Chancen des Internets und im Speziellen des Web-TVs zu nutzen, viel Erfolg zu wünschen und abzuwarten wie diese sich entwickeln.

20

Literaturverzeichnis

AGOF (2010a): AGOF veröffentlicht internet facts 2009-IV: Dreiviertel der Onlinenutzer sind alte Hasen. Veröffentlicht am 18.3.2010. Online unter: http://www.agof.de/index.963.html [Stand: 25.07.2010]

AGOF (2010b): Glossar- Begriffsdefinitionen für die internet facts. Online unter: http://www.agof.de/index.194.html [Stand: 25.07.2010]

AGOF (2010c): internet facts 2009-IV- Grafiken zu dem Berichtsband. Online unter: http://www.agof.de/grafiken-if-2009-iv.download.e724d0651164f8a92655c078884dfd8b.pdf [Stand: 25.07.2010]

ARD/ZDF-Onlinestudie (2009): ard-zdf-onlinestudie.de. Online unter: http://www.ard-zdf-onlinestudie.de/ [Stand: 25.07.2010]

Bonfadelli, H. (2004): Medienwirkungsforschung I – Grundlagen. 3. Auflage, UVK, Konstanz.

FC Bayern (2010): Auch fcbayern.de auf Triple-Jagd. Veröffentlicht am 04.05.2010. Online unter: http://www.fcbayern.t-home.de/de/aktuell/news/2010/23318.php [Stand: 25.07.2010]

Grätz, M. (2001): Zukunftsmarkt Internet – Stand und Perspektiven des Sportsponsoring im Internet. Band 10, Lit-Verlag, Münster.

Hurley, C. (2009): Y,000,000,000uTube. YouTube-Blog-Eintrag vom 09.10.09. Online unter: http://youtube-global.blogspot.com/2009/10/y000000000utube.html [Stand: 25.07.2010]

Interactivemedia (2010): Mediadaten- Erfolgreich planen mit attraktiven Online Marken. Online unter: www.interactivemedia.net/de/mediadaten-pdf/kicker_de/ [Stand: 25.07.2010]

Laola1 (2010): Traumquote! LAOLA1.tv realisiert größte LIVE-Übertragung im Internet. Online unter: http://www.presseportal.de/pm/77455/1593531/laola1_multimedia_gmbh [Stand: 25.07.2010]

o.V. (2010a): Bewegte Bilder von der Ringtennis-WM. Veröffentlicht am 08.07.2010. Online unter: http://www.ringtennis-wm.de/organisation/bewegte-bilder-von-der-ringtennis-wm [Stand: 25.07.2010]

o.V. (2010b): WM-Sponsorenmappe der Ringtennis WM 2010. Online unter: http://www.ringtennis-wm.de/pdf/WM_Sponsorenmappe.pdf [Stand: 25.07.2010]

Palmgreen, P. / Rayburn, J. (1985): An expectancy–value approach to media gratifications. In: Rosengren, K. / Wenner, L. (Herausgeber): Media gratifications research: Current perspectives. Beverly Hills, Kalifornien: Sage.

Patalong, F. (2010): TV via Internet - YouTube wird zum Sportkanal. In: Spiegelonline, veröffentlicht am 12.03.2010. Online unter: http://www.spiegel.de/netzwelt/web/0,1518,683170,00.html [Stand: 25.07.2010]

Peer, M./ Merx, S (2010): Netzgiganten schnappen sich den Ball. In: Handelsblatt, Ausgabe Nr. 084 vom 03.05.2010, S. 60, Köln.

Rudolf, H.-C. (2004): Tore im Netz – Über die Nutzung eines interaktiven Sportangebots im Internet am Beispiel von www.premiere.de. Tectum Verlag, Marburg.

Schenk, M. (2007): Medienwirkungsforschung. 3. Auflage, Mohr, Siebeck, Tübingen.

Schmidt, H. (2008): Das Internet setzt sich als Informationsmedium durch. FAZ-Blogs, Eintrag vom 24.08.2008. Online unter: http://faz-community.faz.net/blogs/netzkonom/archive/2008/10/24/mediennutzung.aspx [Stand: 25.07.2010]

Spobox.tv (2010): Bundesliga/Spobox.tv: "In Regionen des klassischen TV". Online unter: http://www.volleyball-verband.de/index.php?dvv=webpart.pages.report.ReportViewPage&coid=17034&cid=1 [Stand 25.07.2010]

Van der Holifeld, E. (2010): kicker-Managerspiel- geliebtes soziales Netzwerk!. Veröffentlicht am 06.07.2010. Online unter: http://www.kunicom.de/2010/07/kicker-managerspiel-%E2%80%93-geliebtes-soziales-netzwerk/ [Stand: 25.07.2010]

Wikipedia (2010a): Page Impression. Online unter: http://de.wikipedia.org/wiki/Page_Impression [Stand: 25.07.10]

Wikipedia (2010b): Randsportart. Online unter:

http://de.wikipedia.org/wiki/Randsportart [Stand: 25.07.2010]

Folgende Internetseiten dienten der Veranschaulichung:

tv.sport1.de

www.albaberlin.de//shop/

www.amazon.de/Erhard-Sport-Chilled-Purple-versch-Designs/dp/B0030YIABE

www.crossboccia.com/CB-Set_1.html

www.dttl.tv

www.fcbayern.de

www.fcb.tv

www.golfdigtal.tv

www.googel.de

www.ifa-fistball.com/de/menu_2/gaestebuch

www.ittf.com/itTV/

www.kicker.tv

www.laola1.tv

www.live-sport.org

www.mlb.com

www.ringtennis.de

www.ringtennis-wm.de

www.sky.de

www.spobox.tv

www.tennislive.tv

www.volleyball-bundesliga.de

www.youtube.de

www.youtube.com/user/RingtennisWM

www.youtube.com/watch?v=NxoEHdxEZjM